Vicomte de GUICHEN

LAURÉAT DE L'ACADÉMIE FRANÇAISE
ET DE L'ACADÉMIE DES SCIENCES MORALES ET POLITIQUES
PREMIER SECRÉTAIRE D'AMBASSADE HONORAIRE
MEMBRE DE LA SOCIÉTÉ D'ÉCONOMIE POLITIQUE
ET DE LA SOCIÉTÉ DES GENS DE LETTRES

Les

Relations Austro-Allemandes

du XVIIIe au XXe siècle

Communication faite le 10 avril 1926
à l'Académie des Sciences Morales et Politiques

SAINT-AMAND (Cher)

IMPRIMERIE R. BUSSIÈRE

74, RUE LAFAYETTE, 74

Les Relations Austro=Allemandes

du XVIIIᵉ au XXᵉ siècle

Communication faite le 10 avril 1926
à l'Académie des Sciences Morales et Politiques

Du même Auteur

1º Ouvrages

Pierre le Grand et le premier traité franco-russe (1682-1717). Préface du baron de Courcel, membre de l'Institut. Un volume in-8 de 300 pages emprunté aux Archives françaises et russes (Librairie Perrin). Prix.................. 5 francs

Le Duc d'Angoulême (1775-1844). Un volume in-8 de 400 pages emprunté aux Archives françaises, anglaises, russes et aux Archives privées. 3e édition. (Librairie Emile Paul). Prix..................... 5 francs

La France morale et religieuse au début de la Restauration. Un fort volume in-12 de 300 pages, emprunté aux Archives françaises, anglaises et aux Archives privées. 2e édition (Librairie Emile Paul). Ouvrage couronné par l'Académie des Sciences Morales et Politiques Prix...................... 5 francs

La France morale et religieuse à la fin de la Restauration. Un fort volume in-12 de 352 pages emprunté aux Archives françaises, anglaises et aux Archives privées. 2e édition. (Librairie Emile Paul). Ouvrage couronné par l'Académie des Sciences Morales et Politiques Prix...................... 5 francs

La Révolution de Juillet 1830 et l'Europe. Un fort volume in-8 de 600 pages emprunté aux Archives de l'Europe entière, 2e édition. (Librairie Emile Paul). Ouvrage couronné par l'Académie des Sciences Morales et Politiques, (Premier prix d'Histoire Diplomatique). Prix.................... 15 francs

La Crise d'Orient de 1839 à 1841 et l'Europe. Un fort volume in-8 de 600 pages, emprunté aux Archives de l'Europe entière. (Librairie Emile Paul). Ouvrage couronné par l'Académie française (Prix Thérouanne) et par l'Académie des Sciences Morales et Politiques. Prix..................... 30 francs

Cet ouvrage a été également désigné, en Octobre 1922, par la commission spéciale nommée par le Comité France-Amérique et présidée par M Gabriel Hanotaux, de l'Académie Française, comme l'un des plus marquants dans le domaine historique.

Du Rhin à la Vistule. Questions d'Histoire Diplomatique contemporaine. Communications faites de 1916 à 1923 à l'Académie des Sciences Morales et Politiques. Un volume in-12, de 300 pages, emprunté aux Archives de l'Europe entière. (Editions Victor Attinger). Prix....................... 7 francs

Cet ouvrage a été également désigné par la Commission Spéciale nommée par le Comité France-Amérique et présidée par M. Gabriel Hanotaux comme l'un des plus marquants dans le domaine historique (Mai 1924).

Les Grandes Questions Européennes et la Diplomatie des puissances sous la Seconde République française. Tome I. Octobre 1847 au 1er Mai 1850. Un fort volume in-8 de 600 pages, emprunté aux Archives de l'Europe entière. (Editions V. Attinger). Prix....................... 36 francs

Cet ouvrage a été également désigné, en Septembre 1925, par la Commission Spéciale nommée par le Comité France-Amérique et présidée par M. Hanotaux comme l'un des plus marquants dans le domaine historique.

2º Brochures

La question de Bavière pendant et après la guerre mondiale (1922). Une brochure de 42 pages empruntée à plusieurs Archives d'Europe (Librairie Emile Paul). Prix....................... 2 francs

Communications faites de 1924 à 1925
à l'Académie des Sciences Morales et Politiques
empruntées aux Archives de l'Europe entière.

La Situation intérieure de la Russie, du XIXe au XXe siècle et ses répercussions. (17 Mai 1924). Une brochure de 24 pages (Imprimerie Bussière).

L'Influence de l'Angleterre, de la Russie et de l'Italie dans la formation de l'unité allemande (21 Février 1925). Une brochure de 23 pages (Imprimerie Bussière).

Communications faites à la Société d'Économie Politique
empruntées à plusieurs Archives d'Europe.

Le Problème Agricole Allemand (5 Octobre 1917). Une brochure de 30 pages (Imprimerie Bussière).

Le Problème Agricole Allemand pendant et après la guerre (5 Novembre 1919). Une brochure de 30 pages (Imprimerie Bussière).

Quelques aspects de la Situation Économique et Agricole de l'Allemagne (4 Novembre 1922). Une brochure de 28 pages (Imprimerie Bussière).

Un aperçu de la situation économique de l'Allemagne depuis 1922 (5 novembre 1925). Une brochure de 32 pages (Imprimerie Bussière).

Vicomte de GUICHEN

LAURÉAT DE L'ACADÉMIE FRANÇAISE
ET DE L'ACADÉMIE DES SCIENCES MORALES ET POLITIQUES
PREMIER SECRÉTAIRE D'AMBASSADE HONORAIRE
MEMBRE DE LA SOCIÉTÉ D'ÉCONOMIE POLITIQUE
ET DE LA SOCIÉTÉ DES GENS DE LETTRES

Les
Relations Austro=Allemandes
du XVIIIᵉ au XXᵉ siècle

Communication faite le 10 avril 1926
à l'Académie des Sciences Morales et Politiques

SAINT-AMAND (Cher)
IMPRIMERIE R. BUSSIÈRE
74, Rue Lafayette, 74

Les relations Austro=Allemandes
du XVIIIe au XXe siècle

—

Messieurs,

C'est un grave sujet que la question des rapports Austro-Prussiens depuis deux siècles ; mais on ne peut guère l'étudier qu'à la lumière de documents étrangers qui nous révèlent des faits stupéfiants sur la nature des rapports entre l'Autriche et la Prusse, et qui seraient à peine croyables s'ils ne s'étayaient sur des documents de premier ordre.

Du jour où la Prusse se voit entourée de considération, de crainte, du jour où elle prend conscience d'elle-même et du rôle qu'elle pourra jouer en Allemagne, ce n'est pas seulement de l'aversion qu'elle voue à l'Autriche, c'est une haine farouche pour l'assouvissement de laquelle tous les moyens sont bons, qu'ils soient légitimes, ou coupables. Faisons-en rapidement non pas l'histoire, car le temps ne le permet pas dans le cadre d'une lecture, mais une esquisse.

Dans presque tous les testaments des rois de Prusse au XVIIIe siècle, perce la suspicion envers l'Autriche.

En 1752, Frédéric II, dans un de ses premiers testaments politiques lance ce trait contre l'Empire : « Son gouvernement suranné et bizarre se soutiendra-t-il, ou peut-on prévoir qu'il changera ? Je suis d'avis que la forme du gouvernement se soutiendra par la jalousie des membres de l'Empire même et par celle des puissances voisines, mais je n'en crois pas moins que le nombre des petits princes, surtout des villes Impériales, ira en diminuant... Il me semble vraisemblable aussi, en examinant la situation de l'Empire, que le pouvoir des Empereurs ira en diminuant, parce que les électeurs, devenus des princes puissants, peuvent balancer l'autorité et la puissance impériale en s'épaulant des secours de la France. C'est cette raison qui fait craindre à Vienne l'accroissement des maisons électorales et ducales... La Prusse est entourée de voisins puissants et d'un ennemi *irréconciliable* qui est la maison d'Autriche. Ceci doit nous préparer à voir arriver des guerres fréquentes. De cela même il résulte que le militaire doit être le premier état dans le royaume, de même qu'il le fut chez les Romains. Encourager une profession qui fait la puissance du royaume, estimer ces colonnes de l'état qui le soutiennent, les préférer à cette espèce d'hommes mous et pusillanimes qui ne servent qu'à meubler une antichambre, c'est rendre au mérite ce qui lui appartient et brûler un faible encens sur l'autel d'officiers qui sont tous les moments prêts à verser leur sang pour la patrie » (1).

Pendant la guerre de sept ans, et il est bon de souligner ce détail, lorsque la question de Hanovre s'est de nouveau posée deux fois, après 1918 et en 1924, au premier plan de la scène politique Allemande, c'est peut-être le Hanovre qui prête à la Prusse le concours le plus précieux. C'est, en effet, l'armée du Hanovre qui, sous la conduite de princes Guelfes, sauva la Prusse d'un complet anéantissement (2). Mais la gratitude ne pèse pas à la Prusse et, en 1866, le Hanovre recevait sa récompense. En 1785 se forme la Ligue des princes sous la direction de la Prusse, premier embryon d'unité dirigé contre l'Autriche. Fort habilement le cabinet de Turin salue cette ligue

(1) *Die politischen testamente Friedrichs des Grossen,* par le Dr Volz.

(2) *Hannover Landeszeitung.*

avec enthousiasme et la considère comme le Dieu tutélaire des Etats Italiens (1). Depuis lors, les relations entre Turin et Berlin se resserrent — que de choses il y aurait à dire sur ce point — et la Sardaigne suit avec une sympathie chaque jour croissante l'ascension Prussienne.

Rendons cette justice à Gœthe qu'il n'a jamais cru un seul instant que cette suprématie prussienne conduirait à un bienfait.

Il ne pouvait oublier que, dans le duché de Weimar, qu'il affectionnait tant, Frédéric II avait envoyé en 1778 ses hussards pour y lever des soldats et que, plus tard, le gouvernement prussien s'était montré rien moins qu'aimable à l'égard de Weimar, malgré les liens de parenté entre les deux Cours (2).

Dès cette époque, Frédéric II donne aux ministres prusiens à Vienne l'ordre de n'être qu'une vedette avancée en pays ennemi avec la mission (ce sont ses propres instructions) de représenter les moindres bagatelles comme des griefs. « S'il est bon, disait-il, de montrer quelque complaisance à l'égard de ses voisins, cela ne doit jamais être à l'égard de la Cour de

(1) *Neue Reich,* 1924.
(2) *Menschheit,* Déc. 1922.

Vienne » (1). Par un ordre de Cabinet en date du 24 juin 1750, Frédéric II prescrit de restreindre le plus possible dans les Eglises la prière pour l'Empereur. Mais, ajoutait-il avec sa duplicité ordinaire, « on supprimera cette formalité non pas comme si c'était un ordre, mais en *sous main*, sans occasionner d'éclat, *sans que mon nom et mon autorité soient mises en avant* » (2). Ce n'est pas certes que Frédéric visât pour lui-même à la couronne Impériale. Au contraire. Il mettait ainsi ses successeurs en garde contre cette couronne. « Je ne vous conseille pas de tendre à cette haute dignité. Un roi de Prusse doit s'occuper beaucoup plus de l'acquisition de provinces que de la recherche d'un titre vide. Votre souci principal doit être d'accroître la grandeur de l'Etat dont je vous ai tracé un idéal. » Aussi, lorsqu'en 1871, le vieux roi Guillaume hésitait tant à accepter la dignité Impériale, qu'il appelait un *habit de parade*, il ne faisait que répondre à la tradition frédéricienne.

Pendant toutes les guerres de la Révolution et de l'Empire, les rapports entre les armées prus-

(1) *Menschheit*, Avril 1923.
(2) *Menschheit*, avril 1923.

siennes et autrichiennes sont tels qu'un observateur allemand, bien placé pour juger des événements, constatait dans une correspondance privée, dont j'ai eu connaissance en 1913 à Berlin, qu'il « ne semblait pas qu'on eût affaire à des armées alliées, à des hommes de même race et de même nationalité, mais à des *ennemis jurés,* souhaitant leur destruction réciproque et que seule la terreur de la chute des trônes pouvait momentanément maintenir unis. »

En 1822, Eichhorn lance une circulaire secrète (1) qui dévoile les plans prussiens : dès l'école, les instituteurs doivent former la jeunesse à l'idée que la Prusse est le véritable représentant de l'Allemagne. Les maîtres qui se seront tout particulièrement signalés dans cette tâche devront, comme récompense, être appelés à Berlin. Ceux qui bénéficièrent de cette faveur furent, à leur arrivée, reçus par le roi, congratulés, comblés de présents, admis aux faveurs de l'avancement parfois le plus scandaleux. Le bruit de ces largesses se répandait dans le pays, provoquait une émulation générale et incitait les autres instituteurs à redoubler leur campagne

(1) *Das Neue Reich.* Janvier 1921.

anti-autrichienne. Dès cette époque, on peut constater en Prusse que le courant anti-autrichien s'accentue d'une façon formidable. La semence était jetée. Elle n'avait plus qu'à lever (1).

Le 14 septembre 1814, Louis de Marvitz, un des chefs des Junkers et de la réaction féodale, traçait à Hardenberg ce programme vraiment caractéristique de la mission qu'il attribuait à la Prusse et de la prussianisation de l'Allemagne (2).

« Le prochain Congrès de Vienne ne tranchera pas seulement le sort de l'Europe en général, mais il décidera aussi quelle sera celle des deux influences qui sera prépondérante en Allemagne et en Europe : celle de l'Autriche, ou celle de la Prusse... Nous sommes considérés partout comme les libérateurs de la patrie allemande et appréciés comme tels dans maints endroits, mais néanmoins, en tant que Prussiens, *nous sommes haïs*. Il existe contre le nom de Prusse une indestructible préjugé. La Prusse apparaît à tous les Allemands *comme une véritable étrangère*. Dès qu'il est question *d'une union*

(1) *Neue Reich.* Janvier 1921.
(2) *Menschheit*, d'après Meinecke. Décembre 1925.

avec la Prusse, chacun s'effraie. On recherche tous nos anciens péchés et on nous les jette à la face. On va jusqu'à oublier tous les méfaits encore si récents des Français et l'acte de libération dû à la Prusse. Oui, je puis l'affirmer ; les choses en sont arrivées à un point tel que l'on ne redoute pas moins une union avec la Prusse qu'avec la France. Ce sont des faits incroyables, mais fort exacts (1). »

Curieux document ! et combien il est permis de regretter que les gouvernements, qui se sont succédé depuis 1815 en France n'aient pas su exploiter une pareille situation au lieu de s'aplatir devant la Prusse, de la couvrir d'éloges ! Devant des révélations de cette nature, la responsabilité de ces gouvernements apparait grande et l'histoire ne les absoudra pas.

En 1892, un procès célèbre se déroulait devant le tribunal de Cassel. Wilhelm Hopf, le grand publiciste allemand, était poursuivi pour attaques contre la Prusse. Il avait avancé que la politique brandebourgeoise prussienne jusqu'aux guerres de libération avait été presque exclusivement dirigée contre l'Empereur et le Reich

(1) *Menschheit.* 25 Décembre 1925

et que, depuis 1815, cette politique s'était exercée uniquement dans l'intérêt prussien (1).

En effet, au cours de la première moitié du xIx° siècle et même jusqu'en 1866, des milliers d'agents prussiens travaillent secrètement dans le sens de la destruction ou tout au moins de l'abaissement de l'Autriche, non seulement dans les hautes fonctions de l'Etat mais encore dans les postes diplomatiques, dans l'armée, dans toutes les écoles, dans les chaires ecclésiastiques et dans la presse (2).

Pendant la révolution de 1848 on peut constater à quel point ces leçons ont déjà porté leurs fruits. La correspondance des Ministres d'Autriche à Berlin est pleine de doléances sur le ton de la presse à l'égard de l'Autriche, sur l'animosité du public contre elle, sur les traits qu'on lui lance sans cesse. Le 25 avril 1848, Trauttmansdorff écrit à Ficquelmont : « Un article de la *Spener-zeitung*, rédigé avec une particulière passion sur la question de l'attribution de la couronne Impériale, mérite tout particulièrement d'être signalé à V. Excellence. Il déverse sur la maison de

(1) *Allgemeine Rundschau*. Article du Dr H. Rost. 20 Février 1926.

(2) *Volkssturm*. Août 1922.

Habsbourg et sur l'Autriche tant de poison et de fiel qu'on a rarement vu des attaques analogues, sauf de la part de l'officine d'Hormayr bien connue (1) ». La lutte entre la Prusse et l'Autriche s'envenime d'heure en heure de 1848 à 1850. Les attaques de Berlin contre Vienne sont presque continuelles.

Dans les Etats secondaires du Sud de l'Allemagne plus encore que dans ceux du Nord, la Prusse lance ses émissaires. Elle fait à l'Autriche une guerre tantôt sourde, tantôt ouverte. Rien n'est omis pour la discréditer et la saper.

Lorsqu'en 1850, la Prusse succombe à Olmütz, sa haine n'attend qu'une occasion de faire explosion. Une correspondance privée émanée d'un des princes prussiens et qui me fut jadis communiquée à Berlin reflète ces sentiments : « Il faut, disait-il, anéantir l'Empire des Habsbourgs, cet Empire malfaisant, dont nous n'avons ni les idées, *ni la politique, ni surtout la religion*. Cette heure de la disparition de l'Autriche sonnera. *La Prusse alors fera autour d'elle le ralliement et Vienne demeurera seule* ». Presque tous les Etats secondaires Allemands éprouvent à cette heure solennelle une véritable

(1) Archives de Vienne.

haine pour Berlin. M. de Ségur, un de nos meilleurs agents à Munich, peut constater le 2 mars 1852, dans une dépêche extrêmement importante que « M. Von der Pfordten est plus monté que jamais contre la Prusse. Aussi, quand il a su que le Cabinet de Berlin se proposait de concourir à l'entretien de la flotte allemande qui doit stationner dans la mer du Nord, il m'a dit qu'il avait aussitôt retiré l'offre de 500 mille florins faite primitivement par la Bavière (1) ».

La guerre de 1859 devait fournir à la Prusse une première occasion d'abandonner l'Autriche. Dans le midi de l'Allemagne, en revanche, l'opinion ne lui est point défavorable. Presque tous les Etats secondaires brûlent du désir de lui porter secours. Ils sont, comme on l'a dit, *fous de l'Autriche*. Les catholiques attisent le feu contre la Sardaigne rebelle (2). On ne sait peut-être pas assez que, dès cette époque, le prince consort d'Angleterre est en rapports constants avec le prince régent de Prusse, qui suit assez docilement ses conseils visant à une politique d'unification de l'Allemagne sous la

(1) Aff. Etr. à Paris.
(2) KANNER. — *Kaiserliche Katastrophen politik.*

direction de la Prusse, dont j'ai exposé une partie des directives dans mon volume sur 1848. Lord Derby avait qualifié *d'action criminelle* l'ultimatum de l'Autriche à la Sardaigne. Combien Cavour avait raison lorsqu'il prédisait ironiquement au gouvernement prussien, qu'il suivrait bientôt l'exemple de l'Italie (1) !

Et voici que les révélations vraiment sensationnelles faites récemment par le Comte d'Arco sur l'année 1866 dans un retentissant ouvrage, nous apprennent que le Ministre Prussien accrédité près la Cour d'Italie, le Comte Usedom, est en étroites relations avec les révolutionnaires Hongrois, tels que Kossuth et Klapka. Bismark l'autorise à demander au président du conseil Italien La Marmora d'aider pécuniairement le trésor prussien à révolutionner la Hongrie. Mille autres détails aussi typiques sont cités par d'Arco, notamment cet extrait de lettre de Treitschke à Bachmann : « Dans quel temps vivrions-nous donc si nous devions aider l'ennemi héréditaire de l'Allemagne à juguler l'Italie ? L'Autriche doit en sortir non moins que de la fédération allemande. Alors il deviendra

(1) Kanner (ouvr. cité).

possible que ce misérable Etat hétérogène puisse avoir un droit à l'existence en remplissant dans l'Orient Slave une mission civilisatrice. Parlons franc ! La Prusse doit aider l'Autriche dans cette guerre, mais pour lui porter un coup décisif ». Et dans une lettre à Wilhelm Nokk, Treitschke développait encore plus sa pensée : « Avant que l'Autriche ne nous soit devenue totalement étrangère au point de vue politique, nous ne pourrons pas réaliser ce qui nous unit tous : l'extension politique et religieuse de la liberté sous un impérialisme prussien » (1).

Les preuves de la duplicité prussienne dans la campagne de 1866 abondent. On n'a que l'embarras du choix : proclamation à la Bohême et à la Moravie leur laissant entrevoir faussement des possibilités d'indépendance, mêmes incitations à la Hongrie, etc etc : « L'Autriche, écrivait jadis Moltke, a une vie factice ; elle peut perdre sans danger deux ou trois batailles, mais une révolution en Hongrie mettra fin à son existence. »

D'après les propositions d'Usedom, la Prusse était prête à dépenser un million de lires de concert avec l'Italie pour susciter en Hongrie un

(1) D'Arco. — *Aus fünf Jahren Festungshaft.*

mouvement révolutionnaire. Le 4 mai 1880, dans un discours retentissant au *Reischtag*, Liebknetch clouait au pilori le soi disant conservatisme prussien :

« Messieurs, disait-il, vous vous êtes placés en 1866 sur le terrain de la politique d'annexions, c'est-à-dire sur le terrain de la révolution, Ainsi le terrain conservateur s'est dérobé sous vos pieds. Dès le jour où vous vous êtes prononcés pour l'anéantissement du principe de la légitimité, pour le principe révolutionnaire des annexions, pour le suffrage universel, pour la souveraineté du peuple, vous avez cessé d'être un parti conservateur. Le parti du centre s'est souvent écrié : Qui mange du Pape en meurt. Eh bien ! Messieurs qui mange de la révolution en meurt. Vous, Messieurs, vous avez goûté de la révolution et comme parti conservateur, vous avez été entraînés dans l'abîme (1). »

La Prusse annexait le Hanovre, 18 années auparavant — et que sont 18 ans dans la vie d'une nation — le prince Guillaume de Prusse, devenu depuis lors Guillaume I{or}, fuyant devant la révolution déchaînée à Berlin était accueilli

____

(1) D'Arco, ouvr. cité.

avec la plus grande cordialité par le roi Ernest Auguste de Hanovre qui lui offrait même dans son palais une retraite sûre. Lorsqu'il quitta le roi de Hanovre, se jetant à son cou, il lui dit en fondant en larmes : « Je ne sais vraiment pas comment je pourrai te remercier de m'avoir sauvé la vie ». Et Ernest Auguste s'était borné à répliquer (1) :

« Après ma mort, occupe-toi de mon fils aveugle ». Maintenant l'oubli était descendu sur ces faits et le Hanovre incorporé à la couronne de Prusse.

Pendant la guerre de 1870, l'Autriche resta neutre. Ses raisons profondes ne peuvent trouver place dans ce court exposé (1). Elles sont multiples. Parmi elles, figure au premier plan l'opposition de la Hongrie — qui, en 1867, avait acquis une situation privilégiée, presque maîtresse et qui redoutait qu'une victoire autrichienne ne la lui fît perdre (2). Les événements de 1866 et de 1870 ne laissèrent à l'Autriche qu'une porte ouverte, la porte Balkanique. Aujourd'hui, à la lu-

(1) *Hannover Landeszeitung*, juillet 1922.
(2) SOSNOSKY, 1913. *Die Balkanpolitik Œsterreich Ungarnsseit* 1866.

mière des faits, depuis l'assassinat de l'archiduc François-Ferdinand et de toutes les complications qui ont eu lieu depuis lors entre l'Autriche et la Serbie, apparaît encore plus écrasante la responsabilité de l'Allemagne dans la guerre mondiale. En écartant l'Autriche de l'Allemagne, Berlin préparait un conflit terrible. En tout cas, le ministre de Prusse à Vienne rendait à l'Autriche, au plus fort de la guerre de 1870, un éclatant témoignage qui, dans sa bouche, revêtait une portée considérable. Le 1er février 1871, il se voyait obligé de constater, dans une très importante lettre au prince Impérial allemand, que « l'Autriche avait fait plus encore sans aucune compensation qu'on n'était en droit de l'attendre ; elle n'a pas pris part à la guerre contre la Prusse bien que les trois quarts de l'armée, de la Cour, de la haute noblesse, des catholiques, des Polonais et la majorité des Tchèques le voulussent ; elle a plus fidèlement gardé la neutralité que la Belgique, l'Italie, l'Angleterre et l'Amérique ; au lieu d'exporter des armes pour des millions de couronnes, elle a porté une grave atteinte à ses fabriques d'armes ; au lieu de se reporter au traité de Prague, elle est allée cordialement au devant des désirs du Reich allemand (1) ». Telles sont les propres paroles de M. de Schweinitz.

La Bavière n'avait envisagé qu'avec peine même avec une extrême répugnance la création de l'Empire allemand. Sur ce point capital, il faudrait publier un ouvrage qui pourrait avoir un intérêt de premier ordre étayé sur une large documentation étrangère.

Tous les sentiments particularistes de la Bavière revivaient et aussi la haine de la suprématie prussienne. Je me borne à reproduire les paroles de Dœberl, un des historiens allemands qui ont le plus approfondi cette période : « La Bavière est entrée sans aucune joie, avec la plus entière réserve dans le Reich allemand, dans l'Etat National prussien allemand. Elle eût préféré ne pas devenir un petit Etat allemand fédéral sous une direction prussienne. Elle ne considérait son incorporation au *Reich* que comme une concession et ne l'accepta que contre la garantie de droits spéciaux » (2).

Comment ne pas attacher la plus grande im-

(1) *Kaiser Friedrich III Kriegs Tagebuch* (1870-1871), par MEISNER.
(2) DŒBERL. — *Bayern und Deutschland.*

portance à cette appréciation de Dœberl, lorsqu'on se reporte à deux faits de premier ordre
survenus quelques mois avant la guerre de 1870
et qui indiquent entre tous ce qu'étaient alors les
vrais sentiments de la Bavière : Le 20 février
1870, le *Bayerischer Vaterland* terminait par
ces lignes un long article sur la Prusse : « *Celui-
là sera vraiment notre ami qui nous libérera
des vampires et des tyrans prussiens.* » Et quelques semaines après, le 12 mars 1870, Hermann
Baumgarten, écrivait à Henri de Treitschke :
« La Prusse ne pourra jamais digérer la Bavière,
telle qu'elle existe aujourd'hui. *La question
allemande est liée à la destruction et au dé-
membrement de la Bavière.* Pour introduire ce
procès, le grand-duché de Bade nous est absolument indispensable » (1).

En effet, on fondait à Berlin les plus grandes
espérances sur le grand-duché de Bade et elles
étaient justifiées. L'une des raisons majeures de
ces tendances, dont j'ai retrouvé maintes preuves
dans mes recherches Européennes depuis 30 ans,
réside dans les sympathies très vives qui exis-

(1) V. *Die Sturmjahre der preusichen deutschen Eini-
gung par Heyderhoff.*

taient entre les milieux confessionnels Berlinois et Badois, ainsi que sur des échanges de correspondances presque quotidiennes.

Le grand-duché de Bade, en revanche, avait en 1870, dès le premier jour des hostilités, pris nettement position en faveur des prétentions prussiennes à la couronne Impériale allemande. Il s'était entremis auprès de tous les princes. Il avait été l'animateur. *Le prince Impérial le couvre d'éloges dans son journal quotidien* (1). Il signale son rôle important, sa débordante activité. Dans une note datée du 14 décembre 1870 il qualifie le grand-duc de Bade de « perle » entre tous les princes allemands. Les événements se terminaient en 1871, comme Gustave Freytag les avait prévus dans cet extrait de lettre à von Normann, le 16 février 1868 : « Le comte de Bismarck est d'avis qu'il faut gagner le Sud par la Bavière..... Si Bade entre dans la confédération germanique, Hesse et Wurtemberg suivront. Ce dernier acquerra par la jalousie de la Souabe un puissant moyen d'agitation. En Bavière

(1) V. MEISNER. — *Kaiser Friedrich III Kriegs Tagebug.*

se produira alors un dur combat entre la Franconie et la Haute Bavière, combat qui ira jusqu'à la bastonnade ; mais à la fin, on se résignera là aussi (1). »

Oui, on s'était borné à *se résigner* en Bavière. C'est bien le mot exact. Le 17 décembre 1870, le prince Impérial signalait, en effet, « le dépit secret des rois de Bavière et de Saxe devant les perspectives favorables qui s'ouvraient pour l'Empereur et le Reich » (2). Et les sentiments intimes du roi Louis II perçaient suffisamment dans cet extrait de lettre à son frère, datée du 8 juillet 1871 : « Songe donc que j'ai dû, pour des motifs politiques, poussé de tous côtés, me résigner à inviter le prince Impérial prussien à assister à l'entrée des troupes à Munich. Ah ! ce n'est pas étonnant, certes, que, depuis l'année dernière (campagne, conclusion des traités etc.,) le gouvernement et le monde me soient devenus odieux et cependant la position d'un roi et la souveraineté sont les biens les plus beaux et les plus souhaitables sur terre.

(1) HEYDERHOFF, ouvr. cité.

(2) MEISNER, ouvr. cité.

Malheur à moi d'avoir été appelé à vivre dans un tel temps, où tout m'empoisonne (1) ».

Quel aveu ! Messieurs, et combien significatif !

Le Ministre de Prusse, le Baron de Werthern, voit l'influence de l'Impératrice Elisabeth d'Autriche dans ces tendances du roi Louis II. Peut-être, mais avec plus de sûreté, le Ministre de Prusse écrivait à Bismarck : « D'après quelques incidents, j'ai acquis la convictions que l'attitude correcte et la bonne grâce du roi Louis sont toujours en conflit avec son orgueil de Wittelsbach et ont leur source beaucoup moins dans la confiance que dans le sentiment de l'impuissance et de la crainte » (2).

On ne saurait mieux dire. Que serait-il donc advenu si la Bavière s'était sentie soutenue par une puissance de premier ordre ? Quand on relève ces faits et quand on scrute les lettres et les entretiens que je viens de signaler, on comprend mieux que jamais la faute incalculable de Napoléon III en 1866, abandonnant même les Etats secondaires allemands, pour la plupart si hostiles

(1) DŒBERL. — *Bayern und Deutschland.*
(2) DŒBERL, — Ouvrage cité.

à la Prusse en faisant le jeu de cette dernière,
alors que la face du monde pouvait être changée
et la sécurité de la France assurée peut-être pour
des générations !

Quant à l'Angleterre, nous connaissons son
rôle. Certes, la reine déplore l'effusion du sang.
Le 18 décembre 1870, elle s'entremet auprès du roi
Guillaume pour y mettre un terme, mais, fidèle
à la politique anglaise de plusieurs siècles,
elle a soin d'ajouter : « *Les sympathies ont été
toutes pour l'Allemagne et le sont encore de la
part de tous les hommes bien informés*. Mais
l'aigreur qui se manifeste contre l'Angleterre et
la longue durée de la guerre, pourraient, je
le crains, ramener à la France des sympathies,
ce qui me contristerait fort, car je considère
comme nécessaire pour le bonheur et le repos
de l'Europe *qu'une Allemagne unifiée entre-
tienne avec l'Angleterre les plus cordiaux rapports* (1). » L'opinion de la reine Victoria était par-
tagée par nombre d'Anglais. L'un d'entre eux,
haut placé, avait fait savoir à Onno Klopp, le célèbre littérateur et moraliste allemand, qu'il dési-
rait que Napoléon III et les Français succom-

____

(1) V. Meisner. — Ouvrage cité.

bassent. Et Klopp de répondre : « Il serait bien mieux que toute l'Europe s'unît contre la Prusse. L'ambition prussienne n'a pas de limites. *Si la France est battue, tôt ou tard l'Angleterre ne sera plus en sécurité.* La France défend en ce moment le droit humain et la civilisation humaine contre le militarisme qui finira par s'étendre à toute l'Europe » (1).

Dès maintenant, les visées du prince Impérial allemand et de beaucoup d'hommes politiques prussiens sont très nettes. Tournant leurs regards vers l'Italie, ils cherchent à l'attirer dans le giron allemand et, franchement, ils préconisent la restitution à la maison de Savoie de Nice et de la Savoie. Ce point, si important dans l'histoire de cette époque, est formellement consigné dans le journal du prince Impérial (2).

L'Empereur François-Joseph incarnait, pour ainsi dire, le principe monarchique. Il en était l'âme. Il n'oubliait pas Sadowa. Souvent il en pleurait, mais la solidarité du principe monarchique l'attirait par-dessus tout. Il accède en 1873 aux propositions des Empereurs de Russie et d'Alle-

(1) D' W. KLOPP dans le *Neue Reich*, oct. 1923.
(2) V. MEISNER. — (Ouvr. cité).

magne pour la formation de l'alliance des trois Empereurs destinée avant tout à consolider les trônes et à combattre la révolution. Mais, dans la pensée des Empereurs, cette alliance avait un autre but qui nous est révélé par le prince Reuss, ambassadeur allemand à Pétersbourg, dans cette curieuse dépêche datée du 10 février 1873. « L'Autriche-Hongrie est celle qui gagnerait le plus à une convention entre les trois souverains qui consoliderait son existence menacée — et la Russie qui est moins exposée que d'autres à des attaques du dehors, trouverait aussi son avantage dans la consolidation de la paix européenne, non moins que dans l'étranglement de la question Polonaise. Pour le salut du panslavisme et du Pangermanisme, le Polonisme serait tenu définitivement en lisière » (1). C'était donc encore l'éternelle question de Pologne qui réunissait les trois Empereurs.

Lorsque se forma en 1879 la double alliance austro-allemande, il était clair pour tout homme averti que, dans la situation où était l'Autriche menacée à l'intérieur et au dehors, cette

(1) *Die Grosse Politik der Europäischen Kabinette*, 1871-1914).

alliance devrait être très longue. Bismarck avait accueilli tout d'abord avec une froideur marquée les premières ouvertures de l'Italie sur laquelle il portait le jugement le plus sévère, comme d'ailleurs sur presque tous les Etats voisins. Il est peut-être bon de le rappeler à nos amis d'Italie. Bismarck, avec une rare verdeur d'expressions, traitait la politique Italienne de *politique de chacal* (1). Une autre fois, il comparait les Italiens à des corneilles *mangeant de la charogne sur les champs de bataille.* L'accès de l'Italie à la double alliance ne se fit donc pas sans difficulté. Il appartiendra aux historiens de demain de développer plus encore ce point.

Bismarck, jusqu'au moment où il dut renoncer à la direction des affaires, n'avait pas considéré comme suffisant son système pourtant formidable d'alliances. Il voulait une alliance anglaise pour isoler complètement la France. En 1889, il disait à l'Empereur François-Joseph : « Tout l'objectif de la politique allemande depuis 10 ans est de gagner l'Angleterre à la Triple Alliance ». En

____

(1) V. Pribram. — *Politische Geheimverträge Œsterreich Ungarns 1879-1914.*

1900, le roi Albert de Saxe lui-même confirmait dans un entretien ces projets anciens du chancelier : « Je tiens, disait-il, de la propre bouche de Bismarck qu'il considérait comme absolument nécessaire, comme complément de l'alliance austro-allemande l'accession anglaise (1) ».

Depuis le jour où l'Autriche s'était associée à l'Allemagne, elle avait semblé incapable de s'en libérer, malgré toutes les humiliations qu'elle rencontrait à Berlin. En 1893, le gouvernement français nomma pour le représenter à Vienne M. Lozé, ancien préfet de police. A plusieurs reprises, il me rapporta que, dans ses conversations avec l'Empereur et la famille Impériale, il n'avait pu s'empêcher d'être frappé de leur hostilité contre le gouvernement français et des allusions peu bienveillantes qu'ils ne craignaient pas de faire en sa présence à nos hommes politiques. Il était visible qu'on n'avait à Vienne pour la France qu'une médiocre sympathie. En 1897, — c'est l'époque dont je parle — la Double alliance austro-allemande semblait inébranlable. Et pourtant, à la même époque, un haut fonctionnaire de la Cour me con-

______

(1) V. Taube. — *Fürst Bismarck zwichen England und Russland.*

fiait que les visites de l'Empereur d'Allemagne conservaient souvent un caractère de suprématie, de hauteur, qui blessait fortement les milieux viennois.

L'Empereur François-Joseph en souffrait cruellement, mais jamais il n'osa se soustraire à ce joug.

D'ailleurs, on éprouvait à Vienne une crainte terrible de l'armée allemande ; on la savait très forte, beaucoup plus forte encore qu'à Sadowa, et cette pensée obsédait les esprits. Les rapports Austro-Russes et Austro-Italiens étaient plutôt froid. L'Autriche se raccrochait à l'Allemagne comme à une planche de salut et François-Joseph, dans ses entretiens particuliers comme dans ses discours revendiquait sans cesse son titre de souverain allemand.

L'Empereur d'Allemagne n'était-il pas d'ailleurs incité par les plus hauts dignitaires de l'Etat à exercer cette suprématie. Les princes de l'Eglise allemande eux-mêmes le couvraient d'éloges et en 1903, le cardinal Kopp exaltait « *son éminente situation dont l'influence s'étendait d'un pôle à l'autre* » (1).

____

(1) *Die Tragödie Deutschlands von einem Deutschen.*

Pendant la guerre mondiale, les cardinaux Hartmann et Bœtticher ne rampaient pas moins devant le souverain, et rendus à eux-mêmes, ils confiaient à leurs intimes à quel point ils redouteraient en cas de victoire prussienne, une reprise de la lutte religieuse.

En 1908, l'Autriche mit à exécution son projet longtemps différé d'annexion de la Bosnie et de Herzégovine, ce qui était une menace directe pour la Serbie, enfin encerclée — mais c'était aussi un coup droit contre Budapest qui voyait avec peine les populations Slaves s'accroître dans la monarchie dualiste. En 1719 déjà l'Empereur Charles VI avait réuni un conseil intime de la couronne et il proclamait qu'il fallait faire de Belgrade la forteresse du germanisme et du catholicisme (1). En 1908, l'Autriche faisait de Serajewo une première forteresse du germanisme.

Les milieux diplomatiques français ont paru fort surpris ce cette annexion. Or, il suffisait de connaître un peu d'histoire pour savoir que l'Autriche la souhaitait depuis le temps de Wallenstein, qu'elle l'avait momentanément, réa-

(1) Archives d'Etat à Vienne.

lisée sous le prince Eugène et qu'elle la considérait comme la revanche de la perte de la Lombardie et de la Vénétie (1). Cette perte des provinces Italiennes, l'Autriche la ressentait cruellement. Ainsi que le dit justement Sosnosky, un des auteurs étrangers qui ont le plus approfondi cette période, « à partir de 1866 on sentait et on pensait avec l'armée. Depuis les guerriers du rang le plus élevé jusqu'au plus jeune lieutenant, elle n'était animée que d'une idée : *revanche de Königgratz* ».

En 1856, un mémoire des plus intéressants du maréchal Radetzki incitait aussi l'Autriche à s'emparer de ces provinces, nécessaires à la Dalmatie comme Hinterland.

Le consul anglais à Raguse Andrew Archibald Paton appelait aussi la Dalmatie une *tête séparée du corps* ou, pour employer une image empruntée à la vie musicale *Sud Slave : une embouchure à laquelle il manque une cornemuse* (2).

Mais ces empiètements successifs avaient profondément impressionné et mécontenté l'Italie.

(1) V. SOSNOSKY. — *Die Balkanpolitik Œsterreich Ungarns seit 1866.*
(2) V. SOSNOSKY. — *Idem.*

Elle s'effrayait de voir l'Autriche prendre ainsi pied dans les Balkans. Les rapports entre Berlin et Rome étaient à peine courtois. L'appui que Berlin prêtait à Vienne, le fait qu'ultérieurement, des officiers allemands se rencontraient, comme par hasard, dans les rangs des Arabes, lors de l'expédition de Tripolitaine, le ton de commandement que Berlin prenait à l'égard de Rome dans tant d'occasions, sans ménager l'amour-propre italien si susceptible, cet amour propre, essence même de l'âme italienne, révoltaient le gouvernement de Rome. En 1911, me trouvant à Berlin pour un travail d'archives, je reçus d'une personnalité allemande la confidence que la Triple-Alliance s'était singulièrement relâchée et que l'Allemagne était inquiète. En fait, d'après d'autres révélations qui me furent faites en 1911 et en 1912, la Triple-Alliance fut alors à la veille de se rompre, et si ces témoignages ne suffisaient pas pour se former une opinion, il en est un autre qui vient les corroborer ; c'est celui du Dr Pribram, professeur à l'Université de Vienne, dans un ouvrage récent aujourd'hui classique (1). Pribram écrit, en effet : « Le comte d'Aerenthal a

(1) V. Pribram. — Ouvr. cité.

dû jusqu'à sa dernière heure, février 1912, soutenir une lutte acharnée avec le parti de la guerre, pour le maintien de la Triple-Alliance et des relations correctes avec l'Italie. Il avait atteint son but. La rupture a pu être évitée. La Triple-Alliance a surmonté la crise terrible qui menaça son existence de 1907 à 1912 ». En fait, elle fut renouvelée pour la cinquième fois le 5 décembre 1912. Entre temps, s'était produit le malheureux incident du *Carthage* et du *Manouba*, où l'amour propre italien fut froissé à l'extrême, ce qui raviva les anciennes animosités alors presque éteintes. Si, en 1912, l'Italie s'était détachée de la Triplice, l'Allemagne eût-elle déchaîné la guerre mondiale ? Rien n'est moins vraisemblable. Les déclarations qui m'ont été faites à Berlin en 1913 par un homme très considérable, qui est mort l'année dernière, tendent à prouver surabondamment que l'Allemagne comptait, en toute hypothèse, sur l'Italie, dans l'espoir qu'elle avait de prendre la France à revers en nous attaquant par la frontière des Alpes. Ce qui dénotait bien d'ailleurs le profond dépit de l'Allemagne en 1914 à la nouvelle de la défection italienne, c'est un télégramme presque grossier, plein de virulence que Guillaume II a adressé au roi Victor-

Emmanuel. On peut voir par ces quelques détails le service immense que nous a rendu en 1914 la neutralité de l'Italie, et que nous devons non seulement à une série de circonstances trop longues à expliquer ici, mais encore à la longue habileté de notre représentant à Rome, auquel on n'a peut-être pas suffisamment rendu justice.

Les événements se précipitaient en Autriche. L'annexion de la Bosnie, la guerre de 1912 avaient surexcité à l'extrême les passions Slaves dans la monarchie dualiste, surtout dans le Sud. L'Autriche, il faut le dire nettement, redoutait une dislocation. Elle ne se sentait plus sûre de la fidélité des Slaves du Sud, où régnait une intense fermentation. A Vienne et à Budapest, on était profondément inquiet. Dans ses Mémoires parus en 1925, le Baron de Musulin, un des diplomates les plus connus de l'ancien Empire des Habsbourgs, fait un tableau vraiment terrifiant de la situation intérieure de l'Autriche de 1912 à 1914 : « Le conflit de l'Empire avec la Serbie, disait-il, n'était pas un conflit occasionnel, mais le *conflit vital de la monarchie*, dont la solution, si elle ne s'effectuait pas sur le terrain des réformes intérieures, devait appeler pour y concourir, aussi bien les adversaires que les alliés des Habsbourgs... De la nécessité primordiale de réveiller dans l'esprit de nos Slaves du Sud la croyance, alors éteinte, que leur union pourrait s'effectuer par la monarchie et dans l'intérieur même de la monarchie, je n'ai pas parlé dans mes rapports officiels — mais j'ai exposé confidentiellement et verbalement cette conception au ministère des Affaires Etrangères et insisté sur le fait que même dans les cercles Croates qui étaient devenus très sceptiques au sujet de leur salut par la monarchie, la personnalité de l'archiduc François-Ferdinand apparaissait comme la dernière espérance du royaume triunitaire ».

En disant que François-Ferdinand était le dernier espoir des Slaves du Sud, Musulin ne se trompait pas. Tous les hommes informés savaient que, partisan résolu du trialisme, il n'attendait, pour le réaliser, que son avènement au trône. Il éprouvait une profonde antipathie pour la tyrannie allemande et la tyrannie hongroise.

Il disait au feld-maréchal Margutti : « Je suis et je reste pour l'Etat fédéral Habsbourgeois. Le dualisme est un non sens, une anomalie ». Un homme animé de ces idées devait être un obstacle irrémédiable à une guerre contre les Serbes. En octobre 1913, Conrad de Hœtzendorff, le reconnut implicitement dans un entretien avec les comtes Czernin et Berchtold. Sur l'affirmation réitérée du comte Czernin que l'archiduc tenait fermement à la paix, Conrad laissa échapper cette parole criminelle : « Oui, mais on pourra finalement y décider l'Empereur » (1). L'archiduc n'était pas en rivalité moindre avec le comte Tisza, adversaire déclaré des Slaves, partisan convaincu de l'Allemagne où il avait été envoyé à l'âge de 16 ans pour faire ses études à Berlin et à Heidelberg et il la quitta avec la conviction que la puissance du *Reich* résisterait à toutes les tempêtes et que l'alliance allemande pouvait assurer l'avenir de la monarchie dualiste (2). Le comte Tisza était animé d'une véritable haine pour l'archiduc. Celui-ci savait parfaitement que la 12e heure avait sonné pour la monarchie des Habsbourgs, et qu'il était de toute nécessité de résoudre enfin le problème Sud-Slave. Son aigreur contre la Hongrie s'avivait, et lorsque le Conrad lui demanda en 1913 d'assister aux manœuvres des Honveds, il s'at-

(1) V. Schussler. — *Œsterreich und das deutsche Schicksal.*

(2) V. Schussler, ouvr. cité.

tira un refus et cette sèche réponse : « Il n'y aura pas d'ordre en Hongrie, tant que la question hongroise ne sera pas résolue dans mon sens » (1).

Lorsqu'on connaît ces détails, l'assassinat de l'archiduc s'enveloppe d'un mystère qui n'a pas encore été élucidé et ne le sera sans doute qu'après de longues années. Tout prêtait aussi au mystère dans cette entrevue de Konopith qui précéda de peu l'attentat de Serajevo et pourtant nous en possédons maintenant, grâce à des ouvrages allemands de premier plan, quelques détails qui sont bien différents des narrations faites jusqu'ici.

L'agent allemand à Vienne, M. de Treuttler, rapporte, d'après des données absolument sûres et dans une dépêche adressée au chancelier de l'Empire, que l'archiduc s'essaya à démontrer à l'Empereur allemand tout le danger du despotisme magyar. Il donna libre cours à son aversion pour cet état de choses, le représenta comme un anachronisme digne à peine des temps moyennageux. Il avait, en outre, demandé de la façon la plus pressante à l'Empereur de faire donner au

(1) Schussler, ouvr. cité.

gouvernement Hongrois. par son agent à Vienne, des conseils de modération dans le traitement à appliquer aux Roumains de Transylvanie (1).

De pareils détails sont amplement suffisants pour prouver que l'Empereur Guillaume ne dut pas sortir enthousiasmé de l'entrevue de Konopith. A Berlin, la disparition de l'archiduc provoqua un soupir de soulagement. Elle marquait aussi l'arrêt de mort des Croates et des Serbes. Mais les coups terribles que l'Autriche s'apprêtait à asséner aux Slaves étaient loin d'être considérés par un des meilleurs connaisseurs de la carte d'Europe comme une solution satisfaisante. Le prince Lichnowsky, ambassadeur allemand à Londres, les blâmait sans ambages (2) dans une lettre du 16 juillet 1914 adressée au chancelier Impérial, et il ne les considérait nullement comme une solution.

Ce à quoi M. de Jagow avait répondu au prince : « Si la Société ne te convient plus, tâche d'en chercher une autre, si tu en as une ». Ce qui n'empêchait pas Jagow de représenter sous ces sombres couleurs cette société autrichienne (3) :

(1) SCHUSSLER (ouvr. cité).
(2) SCHUSSLER (ouvr. cité).
(3) KANNER (ouvr. cité).

« La crise des Balkans a encore affaibli la position de l'Autriche. Par ce recul de la puissance autrichienne, notre groupe d'alliances s'est singulièrement effrité. »

A Berlin, après l'attentat de Serajevo, on estimait que la monarchie des Habsbourgs devait maintenant agir pour se sauver. Sur un rapport du comte Tschirschky, en date du 30 juin 1914, indiquant qu'à Vienne, on voulait enfin un règlement, Guillaume II avait inscrit ces mots : « *maintenant ou jamais* » (1).

L'Allemagne envisageait dès lors la dislocation possible de l'Empire des Habsbourgs. Elle l'escomptait même avec le secret espoir d'en profiter. Je pourrais citer mille traits. Je me bornerai à deux. Le 18 juillet 1914, M. de Jagow écrivait de Berlin au prince Lichnowsky (2) : « L'Autriche compte à peine maintenant comme une puissance disposant d'elle-même. Je conviens très volontiers qu'on ne pourra pas la maintenir indéfiniment. »

Et le Comte Tschirschky, ambassadeur à Vienne : « Est-il vraiment bien utile de nous attacher si

(1) Schussler, ouvr. cité.
(2) *Ibid.*

fortement à cet Etat dont toutes les jointures craquent ? »

Les événements qui suivirent sont connus.

Au cours de la guerre, les rapports austro-alle mands revêtent un caractère d'aigreur, d'acuité qui est relevé par tous les témoins impartiaux. La discorde se met entre les chefs des deux armées. L'Etat-Major allemand commande en maître et sur quel ton ! La moindre incartade, la moindre suggestion militaire du gouvernement autrichien sont relevées par les Allemands avec une insolence sans pareille. Presque à chacun de leurs voyages à Vienne, les officiers du Haut Etat-Major Prussien rappellent à leurs collègues les cuisants souvenirs de Königgratz et de Sadowa. L'Autriche devait boire le calice jusqu'à la lie. Cette situation est nettement confirmée dans un ouvrage remarquable paru en Allemagne et qui devrait être entre toutes les mains : *la tragédie de l'Allemagne par un Allemand,* qui porte ce jugement accablant : « On ne peut pas ne pas mentionner que le mépris que les officiers allemands affichaient pour les Autrichiens pendant la guerre mondiale, *eut sur l'alliance une répercussion désastreuse. Dans les armées alliées aucun homme n'était plus détesté que l'officier Prussien !* »

En juin 1916, m'étant rendu à Genève, j'y eus, par le fait du hasard un entretien d'un haut intérêt avec un ancien représentant de l'Empire ottoman dans une capitale étrangère. Il ne cachait pas que l'Allemagne se ravitaillait alors en cuivre presque exclusivement par les mines de Bor et les mines d'Arganah, près de Tokat, qu'un important ravitaillement alimentaire s'effectuait aussi par le Sud, et que si l'Autriche venait à faire une paix séparée, l'Allemagne serait perdue. Cette paix séparée, l'Empereur Charles n'a cessé de l'offrir dans des conditions très acceptables depuis son avènement au trône et notamment trois fois par l'entremise d'un de mes amis personnels en Suisse, en 1916 et en 1917. Mais les divergences de vues entre les alliés, l'opposition de certains cercles politiques français et de l'Italie ne permirent pas d'arriver à ce résultat qui eût épargné la vie de millions d'hommes !

Dans ses propositions de paix réitérées, il eût fallu que l'Empereur Charles se sentît soutenu, tout au moins par l'une des puissances de l'Entente, ne serait-ce que pour maîtriser l'opposition Austro-Allemande et Hongroise. Ce soutien, à ma connaissance, ne lui a jamais été prêté.

En juillet 1917, le professeur Foerster fut appelé

à Schönbrunn et eut avec l'Empereur Charles de longs entretiens. Celui-ci acquiesçait pleinement aux idées de l'archiduc François-Ferdinand. Il était prêt à accorder aux populations austro-hongroises une large, très large autonomie et espérait ainsi sauver l'Empire. Il songeait même à la formation d'un grand Ministère où Foerster aurait pu prendre place, ce qui eût consommé la rupture avec Berlin. Mais, ainsi que l'écrivit le professeur Foerster lui-même « tout échoua devant l'aveuglement des cercles dirigeants allemands d'Autriche qui, au printemps de 1918, qualifiaient encore de traître Henri Lammasch, le guide de la raison ». L'opinion du prince Louis Windischgrœtz, mêlé très intimement à tous les événements de cette époque, est la même : « Le comte Wedel, rapporte-t-il, poussait les politiciens à combattre très énergiquement contre nos démarches de paix. Presque toutes les manifestations et réunions par lesquelles les Viennois à l'agonie proclamaient leur fidélité inébranlable à l'alliance allemande étaient organisées, payées et réglées par l'ambassade allemande. Grâce à de l'argent employé au bon endroit —, Ludendorff parle librement dans son livre d'opérations de ce genre, — grâce à une agitation parallèle dans l'Empire allemand, les Viennois furent de nouveau à la remorque de Berlin (1) ».

Et ceci se passait au moment de l'agonie même de l'Empire Austro-Hongrois.

En toute hypothèse, d'ailleurs, l'Autriche était perdue. Lorsque s'ouvriront plus tard les archives secrètes étrangères, on saura que la victoire allemande aurait eu pour conséquence immédiate la dislocation de l'Autriche rattachée à l'Allemagne, la Galicie Polonaise restant placée sous l'autorité nominale d'un archiduc autrichien pour donner ainsi à l'Autriche démembrée une apparence de satisfaction.

Un agent américain qui a résidé longtemps à Berlin et reçu de nombreuses confidences des plus hautes personnalités allemandes, a bien voulu me donner la primeur de plusieurs d'entre elles dans le courant de 1919. La discrétion la plus élémentaire ne me permet pas de révéler son nom, mais je ne crains pas de dire que sur les plans Prussiens de dislocation autrichienne, il était absolument formel.

(1) *Mémoires du prince Louis Windischgraetz*, traduits par Chomel de Jarnieu.

Un autre témoignage non moins authentique doit être cité à cette place, c'est celui du comte d'Arco. Les remarquables Mémoires auxquels j'ai ci-dessus fait allusion comportent sur le rôle de Ludendorff et du haut Etat-Major allemand des appréciations qui ne laissent, elles aussi, planer aucun doute sur la duplicité Prussienne. D'Arco mentionne d'abord ces paroles de Bismarck en 1866 : « Nous n'avons pas besoin de l'Autriche allemande, nous ne gagnerions rien au renforcement de l'Etat prussien par des provinces comme la Silésie autrichienne ou des morceaux de La Bohême. La fusion de l'Autriche allemande avec la Prusse ne s'en suivrait pas. Vienne n'est pas à gouverner comme une succursale de Berlin ».

Mais 50 ans après, Ludendorff trouvait ces idées hors de propos. « Plusieurs fois, peut avancer le comte d'Arco, il a énoncé ses projets de grande Allemagne. En quoi consistaient-ils ? C'était fort simple : dans l'annexion de l'Autriche allemande à l'Allemagne. N'est-il pas surprenant de voir Ludendorff se prononcer pour cette annexion et par là même pour un renforcement du catholicisme ? »

Quand on sait l'influence déterminante que le

haut Etat-Major allemand a eue sur Guillaume II, non seulement lors de la déclaration de guerre qu'il lui a imposée, mais encore pendant tout le conflit, il n'est plus permis, après ces révélations intéressantes de d'Arco, de nier qu'en tout état de cause, l'Empire des Habsbourgs devait disparaître.

A l'automne de 1918, lorsque la victoire échappait aux armes allemandes, des conférences d'un intérêt capital eurent lieu entre chefs de parti Bavarois et Autrichiens en vue de la création d'un Etat allemand du Sud opposé à la Prusse. Ces pourparlers se poursuivirent jusque dans la seconde moitié de l'année 1919, mais ils échouèrent finalement devant l'attitude passive des alliés et l'opposition de l'Angleterre qui tenait, avant tout, à la reconstitution de l'unité allemande. Si jamais l'on publie les rapports du général Mangin, dont m'a entretenu un de ses plus intimes amis, on verra qu'à cette date mémorable, la création de cet Etat du Sud était un jeu et qu'il suffisait de vouloir. A chacun de mes voyages personnels en Bavière, ces tendances m'ont été confirmées par des hommes d'une telle autorité que je n'ai jamais pu les mettre un seul instant en doute.

Aujourd'hui un Etat de 6 millions d'habitants a succédé à l'ancienne Autriche. Depuis six ans, il a passé par les fluctuations les plus diverses ; il a enduré bien des maux. Le chômage y sévit à l'état aigu. Il vivote. Ce qui ne vivote pas, mais ce qui vit et se fortifie chaque jour, c'est la propagande allemande alimentée par des millions de marks or et poursuivant son but implacable. Nouvelle angoisse pour la France, après tant d'autres, car si un Etat de près de 80 millions d'habitants se formait au centre de l'Europe, en y comprenant la Hongrie qui s'y affilierait sans hésiter, la France serait frappée en plein cœur, et notre victoire déjà si compromise se transformerait en une défaite. Parmi les vrais diplomates dont la France a pu s'honorer, il faut placer au premier rang M. Armand Nisard. Fin psychologue, connaisseur averti de l'Europe, profond érudit, il était bien chez lui dans ce Ministère des Affaires Etrangères où il tenait une si grande place.

Or, peu de temps avant sa mort, il disait à l'un de mes amis personnels : « Quand l'Italie, au lieu de cette vieille dame l'Autriche, dont on pouvait effriter les franges sans grand danger, aura à côté d'elle *l'Allemagne,* elle regrettera la vieille défroque des Habsbourgs *et le péril sera grand* ». Oui, le péril est grand lorsque l'on songe que, pendant des mois et même des années, 40 mille soldats de la réserve autrichienne et des irréguliers tyroliens ont arrêté sur le Carso une fraction importante des forces de la péninsule, car la vraie armée Austro-Hongroise combattait contre les Russes, les Serbes et les Roumains. Ces détails que je tiens de la meilleure source n'atténuent en rien le service immense que l'Italie a rendu à la France pendant le conflit mondial et qu'on a peut-être sousestimé, mais ils gardent néanmoins toute leur valeur et font ressortir le désastre que représenterait pour l'Europe une avance germanique jusqu'à Trieste.

Puisse la déesse de la prévoyance écarter de nous ces dangers alors que notre pays, qui a tant souffert et qui souffre encore tant, aurait plus que jamais besoin d'une perspective indéfinie de paix ! Un grand philosophe anglais disait jadis : *Savoir pour prévoir afin de pourvoir.*

Que cette belle devise devienne aujourd'hui celle des pouvoirs publics français !

Saint-Amand (Cher). — Imprimerie R. Bussière.